かおりんごむしの

ほっこり

ふりかえり
絵日記

ふりかえれば、ほっこり涙がぽろりの いとしい日々。

作・かおりんごむし

もくじ
Contents

Prologue
はじめに

まえがき

　私はおもに子どもたちと自分の生活を題材にイラストや漫画を描いています、かおりんごむしと申します。よろしくお願いします。

　このたび、**現在小学生になった子どもたちの出産からをふりかえる、「ふりかえり絵日記」を描くことになりました**。実はかれこれ10年以上前のことです。

　鮮明に覚えていることもあれば、ちょっとぼんやりしていること、そしてキラキラと美化されている部分（笑）もあると思います。

　記憶を思い出す"ふりかえり"の方法は、過去の写真と自分の日記、そして保育園の連絡帳などです。**あの頃には戻れないけれど、あの頃の自分の気持ちや、子どもたちとのことを思い出しながら描いています。**当時の気持ちがよみがえり、泣きながら描いてしまうこともあります。

　今思うと、出産から今まではあっという間でした。もちろん今も、大変だったり楽しかったり、という子育ての日々が続いています。

　でもふりかえってみたら、**大変なことなんて吹き飛んでしまいそうな愛しい日々でした。**

　この本を手に取っていただいた方にも、「あぁ……こんなことがあったなぁ」「私にもこれからこんなことが起こるのかも……？」なんて思いながら、**一緒にふりかえっていただけたらとても嬉しいです。**

　それでは、第一子の息子「さとし」が産まれたときから、第二子の娘の「まり」が産まれる前までの出来事をふりかえる「ふりかえり絵日記」のはじまりです。

登場人物紹介
Characters

かおりんごむし
- - - - - - - - - - - - - - - -
イラストレーター。この絵日記を
描いている。はたらきながら
さっちゃんとまりちゃんを育てている
お母さん。
涙もろくて心配性。

さっちゃん（むすこ）
- - - - - - - - - - - - - - - -
やさしい男の子。
車やお散歩がだいすき。
ちょっぴり慎重すぎるところも
あるけれど、
がんばり屋さん。

ぶーん（おっと）

かおりんごむしの幼馴染みで
旦那さん。マイペースで前向き。
すぐに「ぶーん」と寝てしまう。
出張が多めの
お仕事についている。

まり（むすめ）

さっちゃんの妹。
すぐに「ふぇぇぇ～ん」と
泣いちゃう甘えん坊。
でも、じつはしっかりもので
大胆なところも。

「さっちゃんの妊娠と出産」

かおりんごむしと幼なじみのぶーん。
まさか同級生が夫になるとは、不思議な気がしました。
これは、わたしとぶーんとの、さっちゃんが産まれてくるまでのお話です。

夫もお腹をさすって
くれて
「うれしいなぁ」と
言い合った。

うれしいなぁ

うれしいなぁ

お腹にいるんやなぁ
ふしぎやなぁ

うれしくて
ふしぎだった。

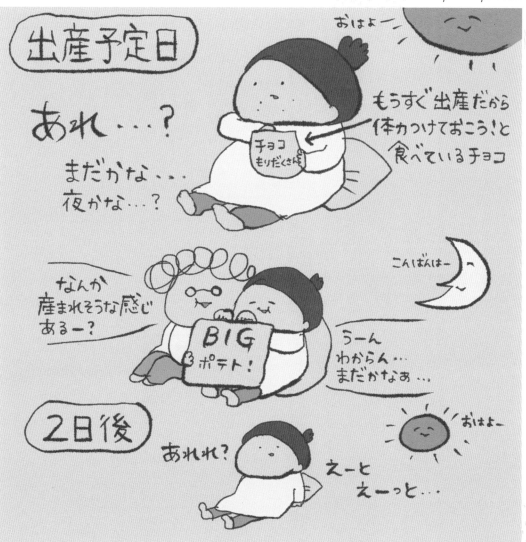

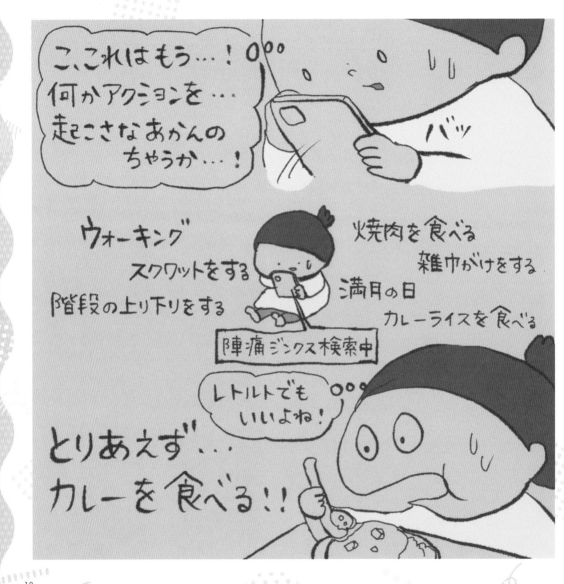

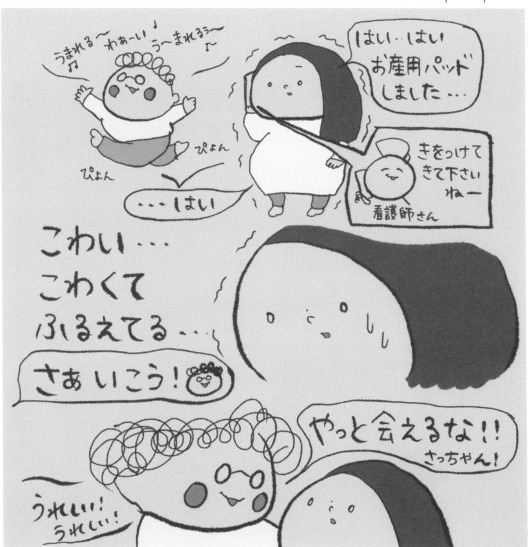

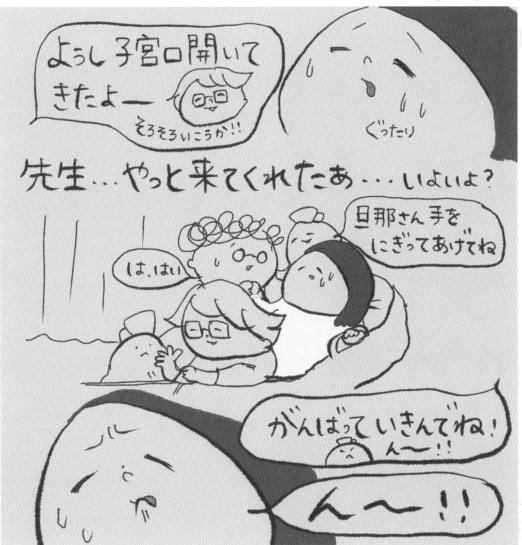

　人生初めての妊娠と出産は、**びっくりすることだらけでした。**

　誰にでもすぐに赤ちゃんが来てくれるわけではないこと、
妊娠がわかるとこんなにも不思議でうれしい気持ちになること、
つわりがこんなに気持ち悪くて大変で、
でもつわりにはきちんと理由があって、
お腹の赤ちゃんが「ゆっくりしてね」と言っているんだなと思えること、
妊娠中って体重がこんなにすぐ増えちゃう（！）んだということ、
予定日近くになるとものすごくドキドキそわそわ気持ちが忙しいこと、
陣痛が来ているのに「まだ力いれないでねー！」の大変さから、
「はい！ 今！ いきんでー！」の、また大変なこと（！）、
産まれた赤ちゃんを見たら、くたくただったはずなのに少し元気がでたこと、
もっともっとびっくりしたことはあったけど、
ちょっと忘れてしまっていること……。

「あぁー私もこんなふうにして産まれてきたんだー」
そう感じると、本当にうれしくてうれしくて、
そしてやっぱり不思議な気持ちになること。

　赤ちゃんだった私が赤ちゃんを産んだよ!!

私のはじめての出産

出産後 私自身 大量の出血をしてしまい
ぐったりしていましたが 写真をおねがいしました。

ワクワクが
とまらない!!
夫の顔 ➡

オギャ～

一緒にがんばって
いただいた看護師さん
お願いして写真にはいって
もらいました。

とりあえず
ぐったりしていましたがピース

別室となってしまい、とにかく不安でいっぱいでした。
夢みたいだけど、お腹はぺたんこ。不思議な感覚でした。
ドキドキと不安の涙でなかなか寝られませんでした。

えぇーと
これから

ありがとうございましたー

ぐったり

おっぱいやな。

まずはじめに赤ちゃんの
口元をつついて…えーと
乳輪まで深く…

ありがとうございまーす

かおりさん じゃあ
点滴しますねー

結局 その日は
息子とは 別室となり

ぼーー

おかあさん元気に
なってね!

赤ちゃんは まかせてね!

なんか
夢みたい…

オギャー

赤ちゃん…。

お腹には
いはらへん…
夢じゃない…

ぺたん

オギャー
オギャー

はっ

となりの人は
もうお世話はじまってる!!

ドキドキドキドキ
ドキドキドキ

じゅっ

不安も
たのしみもいっぱいで
涙がでた。

「今日くらいしか ゆっくりねられないよー」

言われていたけど
なかなかねられなくて
きっと夫はいつもと同じ
ようにねてるんだなと
思った。

ぶーん

たくさん教えてもらって必死で汗だく、顔も真っ赤でした。
頭もパンクしそうでしたが、夫が来てくれて落ち着けました。
夫に自慢げに抱っこを教えましたよ！（笑）

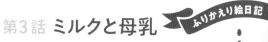

それからは ミルクと
しぼった 母乳

母乳はすこしの量
だったけど
のんでくれるのが
うれしかった。

まだききたいこと
きっと
たくさんあるなぁ。

でも たくさん
たくさん
教えてもらったなぁ。

げんきでね〜

ありがとう
ございました。

ぺこり ぺこり

5

入院中、身体も気持ちもたくさんたくさん支えてもらいました。
あっというまの入院生活、今思うと夢のようなところ★
元気をたくさんたくさんいただきました。

ひさぶさの母のご飯のおいしさ!!!
あー、私まだまだ修行が足りひんな! と思いました。おいしいご飯て元気になりますよね。
おいしいご飯作れるようになりたいなーって改めて思いました。

夫がいるとすごく安心するのですが、
その分、1人の時間が寂しくて不安で仕方なかったです。
トイレも急いで走っていってました。

母乳しは やっぱりうまくのめなかったけど

一生けんめい しぼってあげていた。
（母乳し＋ミルク）

大変だったけれど
夫が母乳しを息子に
あげているのを みると
とってもとっても うれしかった。

おかげで ミルクのあとの おむつがえも

私より うまくなり

頼れる存在でした!!

夫が仕事にいくと ものすごく 不安でした。

1人だと なんだか バタバタでした。

第6話 一緒に

初めからうまくできないとわかっていても、悲しくなったり人と比べたり
夜はなんだか昼間より落ち込みやすくて寝るのが一番だと思いました。
でもなかなか寝てくれなくて……。夜がくるのが怖かったなぁ。

きがつけば、一緒に泣いていた。

たくさん
たくさん
泣いた

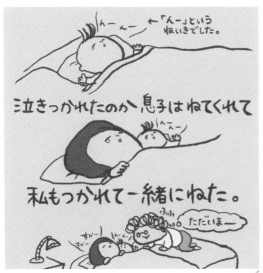

← 「んー」という
ねいきでした。

泣きつかれたのか息子はねてくれて

私もつかれて一緒にねた。

すこしねむると
さっきまでの悲しいきもちは
すくなくなっていて

息子のねがおが
とんでもなくかわいくって

うまくなんてできないから
一緒に泣いて一緒にねよう

明日も
大変やぁ

そう思ってまたねむりました。

39

 第7話 泣きの毎日

母との電話で自分の中でたそがれママ会を作り、励まし合っていました。
気持ちが上がったり下がったり、そんな中で「お母さんは私なんやなぁ」「私はお母さんなんやなぁ」と
少しずつ自覚していった期間でもありました。

第8話 はじめての小児科

とにかく緊張するので外はあまり出ていませんでした（笑）。
はじめての熱、はじめての病院でガチガチになってました。なんだか汗だくになっていました。
赤ちゃんってただのカゼでこんなにしんどいんやなぁ、守ってあげなくちゃと思いました。

さっちゃんを抱っこして歩いていると、色んな人のにこにこした視線を感じました。
こんなこと人生で初めて!! と思いましたが、もしかしたら私も
赤ちゃんのときこんな風にみてもらえていたのかも……。

緊張でガチガチでしたが、私の体調を気遣ってくれるような質問ばかりで緊張はすぐに和らぎました。
あっという間の時間でした。
もっとたくさん話せばよかったーと思いました。

小児科の雰囲気にも慣れてきて予防接種もお世話になりました。マンションの管理人さんとも
お話しするようになり、息子を産んでから外でお話しする機会が増えました。私自身、話すことが
すごく好きなので、知り合いが増えていくのがとても嬉しく、見守られている安心感もありました。

初めての熱以来 お世話になってる小児科。

ありがとう
ございました

お大事にしてねー

だいぶ緊張しなくなってきた。
こういう場所がどんどん
ふえていくといいなぁ。

手をふって
くれてる…

管理人さんとも 最近 話すようになって

あら〜
大きくなって
きはりましたね

マンションの管理人さん

重くなって
きました
ふふ

見守ってもらえてるみたいで
うれしいなぁ。

ばいばーい さとくーん

なんでもない話
でも話すととても
心が軽くなるなあ
…ふしぎやなぁ。

さっちゃんが産まれてから
知り合いが
ふえたかも

ふふ…

今日から出張
やわ
ごめんな

はあ
せやった

そっか 出張でも
もう1人じゃないんや…

そうか

ぎゅっ

2人かあ

にへ

わらった!!

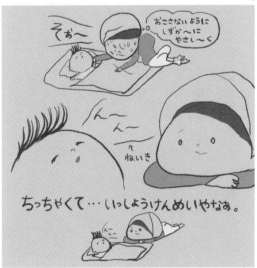

夫の出張中は、ドキドキしました！　バタバタしました！
お風呂とかご飯とか特に忙しかったです。でも普段より鍵かけ確認に気合も入りました。3回もみました！
バッチリ！　守ってあげたいという気持ちは心を強くしてくれますね。自分でもびっくりでした。

1人だとどうしても泣かせている時間が長い気がして悩んでました。困った時は母に電話。
夫の出張中は特に話し相手がいないのでストレスためないようにすぐに電話するようにしてました。
気分転換もできて、夫の留守の良いところも見つけられました（笑）。　泣かずにじーっと待っててくれることなんて
ほぼ無かったですが、たまにこんな時ありましたよね。お待た─って感じでした。

53

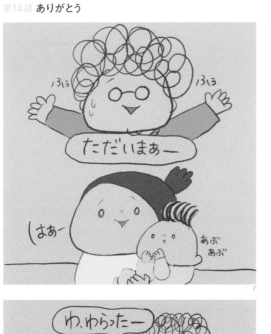

夫の出張に対しては「こんな小さい子がいるのに……」と不満はありました。
仕方がないと言い聞かせていましたが、夫の気持ちに初めて気づきました。
夫と私、どっちが大変かなと考えてしまう時はありましたが、それぞれ大変ですね。
こんなふうに夫と話ができてよかったなあ、これからもっとなんでも話そうと思いました。

夫は出張の多い仕事なので、もう慣れるしかないと覚悟していました。
それでも不安や心細さはなくなりませんでしたが、少しずつ頑張ろう、1日1日過ごそうと思うようにしました。
夫が帰ってくるとすごい賞をもらえたような達成感がうれしかったです。

第16話 楽しい時間

とにかく私は話すことが好きなので、聞いてもらえることでストレス発散！　と元気を取り戻していました。
夫が「大きくなったなぁー」「顔見てくれるなぁー」なんて
言ってくれるたびに誇らしい気持ちでいっぱいでした。

母乳は全然出なくなっていてミルクだけあげていました。
落ち込んでしまう自分が嫌だったけれど、離乳食で気分がかわればいいなあと思っていました。
だからちょっと楽しみでした。

「あせらずゆっくり」はもう今でもずっと育児の目標です。
私にとても合っているようで「あせらずゆっくり」と心の中で思うと落ち着けます。

離乳食セットも
あけてみよう!!

たおれてる場合ちゃう!

あーうー

なんか
実験道具
みたいやぁ

はぁ
ドキ ドキ
離乳食セット

心がまえ
行きっ戻りっすこしずつ成長
します。
あせらず ゆっくり

ぱっかいてあった

心がまえって あまり気にしてなかったけど
大セカなことやなぁ
あせらず ゆっくり
私にも さっちゃんにも
言えることやぁ。

ふむ ふむ

これで
裏ごし
するのやな

私も さっちゃんも
はじめてやもん

それを なんだか いつも
忘れてしまうなぁ

コトコト

くんくん

お米のいいにおいするなぁ…。

はーい!!
さっちゃん

いただき
まーす!!

手をあわせて

さっちゃん
どうぞー

チョン
チョン

赤ちゃんスプーン

チョン チョン

もぐ

!!

なんか まだ ほしそうやけど
まだ 1日1さじ

ゆっくりいこうね!
さっちゃん!

ごっくん

じ

第19話 大成功!?

離乳し食って

今日はほうれん草たべてみよー

ぐつぐつ

水にさらして細かく刻んで

よいしょ
よいしょ

裏ごしして

大変・・・。

やっとこさできた離乳食を拒否される。あるあるですが、気持ちがしょんぼりですよね。
食というのは大切で、たくさん願いが込められているなと気づきました。だから大変で、うまくいかなくて
当たり前かもなと思うようにしました。お腹減ったーと泣く息子には、プラスに考えて離乳食大成功やん！
と思うようにしました。

ふぅ

やっとできた!!!
と思っても

えええ〜
こんだけ〜

ちんまり

そして拒否!!

こっちが
泣きたい…

ふぃゃあぁ〜ん
(なにこのみどり!!)

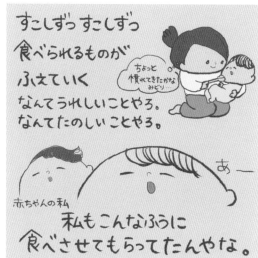

すこしずつ すこしずつ

食べられるものが

ふえていく

ちょっと
慣れてきたかな
みどり

なんてうれしいことやろ。
なんてたのしいことやろ。

赤ちゃんの私

あー

私もこんなふうに
食べさせてもらってたんやな。

大きくなってね。元気でいてね。

たくさん
たべてね。

すきなもの
できるといいな。

おいしいと
いいなぁ。

笑顔になってね。

離乳食は願いがたくさんたくさん!
だからとっても大変なんやなぁ。

あー今日
つかれた

おなかもへったー

じー

できたーできたー!

ちょっとまってやー

ぐー

フー
フー

ふぁぁ〜ん

そんなに泣いて待っててくれるなんて
離乳食 大成エカやん!! すごいやん!

強い愛、強すぎるほどの愛（笑）。　こんなに追いかけられたことあったっけ？
部屋のほこり、危険なもの、大事なアイドル本（アイドルに限らず）（笑）。
息子が動けるようになって、なんだかすごく忙しくなりました。

ねいきです
んーえー
そぉ…

ぷはあ

特別感すごいんです。
すごい
たまに 起きられる時は ゲートの中で ジュース
今日も1日過ごせて
「すごいー」な 私に
乾杯!!!

危ないものはゲートにいれ、少し安心になりました。
全部をゲートに任せられないので手伝ってねという気持ちでした。それだけでもとても心強かったです。
おもちゃも流行りがあり、飽きも早かったけれどおもちゃにもたくさん育児手伝ってもらいました。
でも私が一番!! 飽きがないなんてすごいことです! ずっと流行り!（笑）

第22話 **手づかみ**

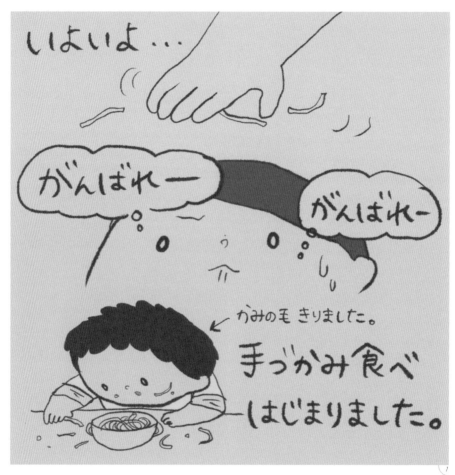

一生けんめい食べている息子。こぼして、落として、ちらかして「あー」と心の中で叫びながら、
時には声に出しながら見守りました。なかなか上手に使えない手。でも一生けんめい。
自分で食べられるってとてもステキなことだなと思い、思わずパチパチしました。パチパチが気に入って
ご飯の時、美味しいとよくパチパチするようになりました。パチパチ!!

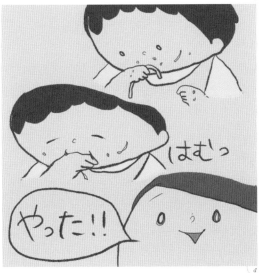

とってもとっても嬉しかった、息子の誕生日。3人揃ってお祝いできたのも嬉しくてテンションMAX!!
でも日頃のくたくたもMAX!!!　だったので私のママ記念も一緒にお祝いしました。
さっちゃん用のケーキは後日ということで……（笑）。おめでとう！　さっちゃん！　私！　夫！

とにかくめちゃくちゃ緊張したのですが……。
そんなにすぐには、変われません……（笑）。

第25話 公園デビュー

大荷物で汗だくの私。
少し恥ずかしかったけれど、みんな毎日クタクタでした。
なぁんや！　そっかーとすごくホッとしたのを覚えています。

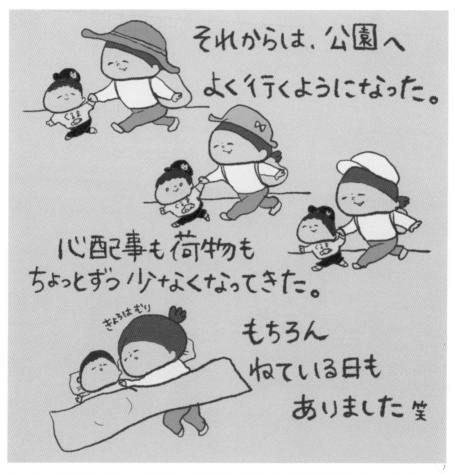

それからは、公園へよく行くようになった。

心配事も荷物もちょっとずつ少なくなってきた。

きょうはむり

もちろんねている日もありました 笑

外へでるのが億劫だった私。ですが思ったより気持ちがよく、外の気持ちよさを実感していました。
そして何より息子の笑顔!! 公園てなんてステキなの! そして頑張ったあとのおうちのにおい!!
もう最高なんです!!

あぁ ねむたいな
という日でも…

ふいわぁ

外に出ると
明るくて目がさめる
風がきもちよくて
きもちがかわる。

夢中

はぁ

そして
なにより…

あー

ものすごく いい顔!!!

やー

むしゃわ
さっちゃん

でもむしは
きらいみたい。

いろいろと
発見があるなぁ

ただいまぁー
おうちやで

公園から帰ると
くたくた!!!!

どすん

ふわっ

くん

くん

くんくん

あー

かえってきたー

おうちのにおい!!

うと

出かけて帰ってくると
おうちのにおいが
すごく感じられて
安心するんなぁ。

すー

すー

さっちゃんも
そうだったら
いいなぁ。

ひさびさのことが多すぎて、すごく疲れてしまった入園式です。
ヒールもこれを機に履く機会増やそう！　女子力あげよう！　と思ったりしますが……。
結局運動靴……、運動靴最高なんだも——ん!!

しっかり時間をみていたはずやのに でる直前でバタバタ!!

いそげえー さっちゃーん

きゃきゃ

いそげえ

今日はさっちゃんの入園式です。

はぁーい にっこりして〜

はーい 写真とりまーす

入園式

みんな さっちゃんと 同じ歳なんやなあ。なんだか不思議。

すごく おにいさん おねえさんに見えるなぁ

あ、おかあさんのほうがいいみたい

あー

うん

ぎゃっ

んー

さっちゃん 明日から保育園やなあ。ドキドキするけどがんばろうね。

うわぁぁぁーつかれたー

あしいたーい

きりっ

はい!明日からよろしくお願いします!!

やまばばば

きりっとしてつかれたるー

ひさびさの「きりっ!」もっかれました···。

81

保育園がはじまったら、どんな生活になるのかな。心配も期待も両方ありました。
もちろんひさしぶりのひとり時間の楽しみも……。
でも全部全部吹き飛んでしまう泣き顔と泣き声。ひとりの帰り道、
涙を我慢しなきゃと思いながら泣いてました。

ソワソワ過ごした1日目。
部屋の掃除をして、ぼーっとコーヒーを飲みました。迎えにいくと息子はにっこり。
「大丈夫やで」と言ってくれてる気がしました。

保育園に早く慣れてほしくて楽しくなってほしくて、焦ってしまっていました。
母の前で、子どもみたいに泣きました。
情けなかったけれど、聞いてもらって安心しました。

はじめてのごはん見学会。びっくりしました。いろいろ。
上手にスプーンを使っていた子のことを今でもはっきり覚えています。衝撃的でした (笑)。
どうしよう、どうしようと思いました (笑)。

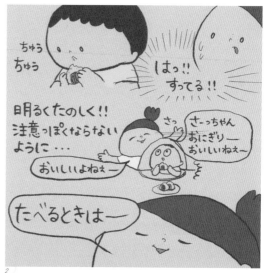

や―!!

...

や―!!

はげしく拒否されました。そりゃあそうだよね…。

ぷいっ

きらわれちゃった…

しばらく あんぎ ダンスは やめなきゃ…と 思っていたら いつのまにか…

もぐもぐ

しっかりかめるように なっていました。

かみの毛がのびました →

5

怒られてからは、固い食感のものを増やしたり、よく噛んでるところをみせたりして いたら食べられるようになってました。参考にならずすみません。
髪の毛がのびた息子はサラサラヘアです。

ほぼ毎日泣いていた息子。おうちでにこにこ、おうちが大好き。
泣くのはうれしいことなんや！ と思い私も元気になりました。
私もおうちがだいすき！

第34話 ばあば先生

ばあば先生にはとってもとってもお世話になりました。息子の緊張もみるみるほぐれて
活動的になりました。いつもできなかったお返事、できたと聞いた時は、とっても嬉しかったです。
よくねるのはお父さん似です。しかたがないです (笑)。

息子の保育園は厳しめな保育園だったと思います。そのおかげで意識できることも増えましたが、
過敏になりすぎてしんどくなってしまった時期でした。そんなとき夫に書いてもらった連絡ノートをみて、
大丈夫やん！ 大きくなってる！ と原点に返ることができました。

少し憂鬱だった健診でした。色々と注意されるのが怖かったのだと思います。
発達の先生に思い切って聞いてみてよかった！「おかあさんの声がだいすき！」
これを聞いてから、もうなんでも子どもたちに話すようになりました！ もちろん今でもです！

1歳半健診で言われた「なんでも話すこと」は私にはとても合っていたようでした。
絵本は読むの苦手でした（何回読むの？　ってなりますよね＜笑＞）。苦手なことも得意なこともありますね。
息子の説明は嬉しかったのですが、日を追うごとに長くなっていって
私そんなに長く話してた？　となりました（笑）。きっと聞いてくれるのがうれしかったんやろうなぁ。

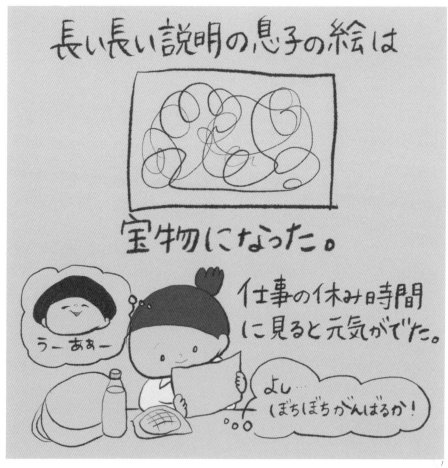

なんでも話すようになり息子とどんどん仲良くなっていきました。息子にわかってもらえる伝え方も少しずつ上手になってきていました。出張のこともわかってくれたかな。ひさしぶりに帰ってきたお父さんのことは「やー!」と逃げていました。私と息子、仲良くなりすぎてしまったかな。

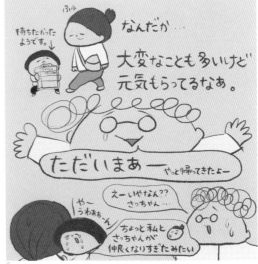

第39話 心強い

夫は子どもと遊んだり楽しませるのが上手で、私はあんな風にできないなと落ち込んだりしていました。
夫がもっと家にいてくれたら、出張がなかったら……。そんなことばかり考えてしまっていました。
でも息子が心を許せる相手！ こんな身近に心強い味方がいる!! と気づきました。

息子を楽しませるのが

トンネルやでぇ〜
すべりだいやでぇ〜

とっても上手だった。

口吸い食べも 夫がやったら もっと
楽しく教えられたかもなぁ…

へーい！
やー！
拒否された私
なんかこう
おもしろくできひんねんなぁ私…。

毎日 家にいてくれたらなぁ…
よくねるけど

ぶーん
ねんね
ねんね

うん…ねんねやな
さっきまで
おきてたのに…

すごくすごく心強いのになぁ—

あはは
ねんねー
あいー

最近 さとしくん だめよ！って 注意
したりすると

泣いちゃって…

保育園の先生

は、はい

泣いちゃって…？

ドキドキ
ドキドキ

あいー

あいー

泣いてくっついてきてくれるんです—

前はそんなこと
なかったのに

なんで注意したかの
お話もきいて
くれて—

あいー

慣れてきてくれたのかな、
とうれしくって—！！

これからも
たくさんたくさん
お話ししたいです！！
さとしくんと！

先生！！ありがとうございます。

はい！！
そんなぁ

あぁ…！

心強い！！

階段ののぼりおりとか運動にいいので！

よくこけはるとのことなので、足、腰きたえましょう！

保育園の先生

よかったら やってみて下さい

先生…！心強いです!!
やっぱり！

はい!! やってみます !!

あいー！

メラメラ

さよなら〜

あいー！あいー！

ペコリ

さよなら〜さとしくーん

きゃははは

よいしょ！

保育園の先生たちとの関係も私も慣れてきて、先生たちからのアドバイスも「また宿題でた〜」と思わなくなっていました。

マンションの階段やスーパーの階段のぼりました。

よいしょ！

よーちょ！

何よりも息子自身も楽しみ上手で新しいあそびを先生に教えてもらったみたいに一緒にがんばれてたのしめた。

そうそう！よいしょ！

よいちょー

じゃあ今日はのりであそんでみようさっちゃん!!

うー

この前保育園でのりを使ってみたんです。またおうちでもやってみて下さい！

この前保育園でやったんやろ？みせてみせて——のりつけてはってみよう！

これをぺとっとはろう！

あー

こんなのするのひさしぶりー

以前は保育園の先生からのアドバイスに対しては「また宿題がでた……。」としょんぼりしていました。私も保育園に慣れてきて、息子はなんでも楽しんでくれて新しい遊びを教えてもらっているという気持ちになりました。今となってはバタバタならではの楽しさもあったりしますね。大変だぁ——。

あーんぱーんち！

きゃははー

やさしいパンチやあ

うんうん

ちょん！

保育園にも慣れて
すこしやんちゃになってきた。

最近は パトカー が お気に入り。

ぱっぱ　　ぱっぱぁー

「ぱっぱー」と言えるようになりました。
息子のお気に入りが
できたことが

ふふ

こんなに
うれしいなんて…

言葉もどんどんふえてきて
やっぱりお気に入りの力って
すごいんやなあ

あんぱんちとか
ぱっぱーとか

ガシャーン

なんの音？？

ガシャーン

さ、
さっちゃん!!

えーい

ガシャーン

いろんな 方法で あそんでしまうんやなあ…。

さっちゃんそんなんしたら
こわれちゃうで!! パトカー

ぱっぱ

どうしよう。
どう伝えたら…

さっちゃんのお気に入り
大切にしてほしいのに…

さっちゃんこれは
じいじが買って
くれはったんやで

よろこんでくれたら
うれしいなあってきもち
やと思うねん。

すこしやんちゃになってきた息子。おもちゃの遊び方も変わってきました。
でもお気に入りは大切にしてほしくて一生けんめい話をしました。一生けんめいに話をしすぎて涙が出ました。
みると息子も泣いていて、すこしでも伝わったかなと嬉しくなりました。

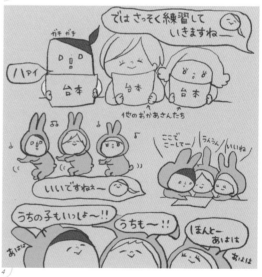

色々と緊張しすぎてなかなかできなかったママ友。偶然お楽しみ会で集まったお母さんと仲良くなりました。子どもたちを喜ばせたいとのことですぐに一致団結できました。話題も子どもたちのことで盛り上がりました。なんにも心配することはありませんでした。仲良くなれたのは子どもたちのおかげやなぁ——ありがとう！　息子はかぶりもの姿の私がわからなかったのか、キョトンとしてました（笑）。

第43話 2さいの誕生日

はじめての事をたくさん経験して、言葉も少しずつふえてきました。歌を聞かせてくれたときは、ものすごく感動して、夫とうれしくて涙しました。1歳の頃は一緒に食べられなかったケーキも食べられるようになり、生クリームだらけの息子を見て、とてもしあわせな気持ちになりました。

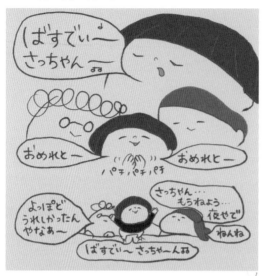

114

ハッピーバースデーの歌の流行りは長く続きました。息子にとってだいすきな歌になりました。
保育園の先生からの報告にしょんぼりすることも多かったですが、原点に戻る事で自分を落ち着かせました。
あせったりしてしまうけど……だいすき、大切です。
ふりかえりで描いているので落ち着いて見えますが、当時はもっとパニックだったと思います（笑）。

116

2歳の誕生日がきてすぐ、おもしろいくらいすぐに、やってきたイヤイヤ期。
ぐったりでしたが、たまーに笑えることもあったので笑える時には笑っておこうと思いました。
わっはっはっは！

くたびれていた私に夫が教えてくれたこと。
そういう考え方もあるのかと安心して、少し涙が出ました。
すきなこともっと増えるといいなぁ。

言葉の発達が気になっていたとき、保育園の先生から教えてもらった質問遊び。とても楽しく会話が
はずみました。言葉を教えるにもすごくよかったです。以前はやってくれなかった
おうまさんごっこも、歌と一緒なら楽しくできるようになりました。すきってすごい!!

121

忙しくてついつい自分のことは後回しになっていたようでした。初めてのことでパニックになってすごい勢いで泣いてしまいましたが、母の声で落ち着きました。本当にすぐに飛んできてくれた母はスーパーヒーローみたいでした。私もあんな風になれるんかなぁ……。少しプレッシャーでした……(笑)。

第49話 世界

息子はのびのび成長してくれているのに、私は色々気にしすぎてしまって
視野がせまくなっているなぁと夫と話していて感じました。
もっとどーんと構えてあげたいなぁと思っていました。どーんと、って難しい……。

先生からの嬉しい報告もあり、不安よりたのしみになってきた発表会。少しずつ上手くなってきて、おうちでも涙ぐんでしまっていた私でしたが、発表会では、キョロキョロしながらも、みんなと並んで出てきたところで涙。びっくりの表情にも成長を感じて涙が止まりませんでした。

保育園では上手にできていたトイレ。おうちではシール貼りがいい感じでしたが、
すぐにあきてしまいました。自分の遊びが楽しくてトイレは後回し。
そしてトイレにいくのもあきてしまいました。「あーぁ」

129

130

私のイライラもひどくなっていました。夫にも嫌なこと言ったり、反省の日々でした。
トイレトレーニングさえなかったら、毎日怒らなくてもすむのになぁ……。息子の寝顔を見て、
明日は楽しく過ごしたいなぁと泣きながら寝ていました。悲しい夜も朝になると不思議と元気がでているので
今も落ち込んだりしている時は、できるだけ早く寝るようにしています。

朝は いつも
今日は おこらないように
しよう！って思うのに…

もう！なんで
わかってくれへんの〜！！って

結局、おこってしまって
コラー!! おこりすぎてしまって…

泣かせてしまって

ふわぁ〜 ちょっと
冷静になって…

反省して…

さっちゃんのほうが なんで
わかってくれへんの？って 思ってるな、きっと

泣いて…を
毎日毎日くり返していた。

明日もきっと…同じやわ

おはよー おかしゃん

…と思っていたけれど

それは やっぱり
突然やってきた。

…なんかものすごく
きもちわるい…

あの人のとこにいこう〜

そうです。

え〜〜

やった〜！

おめでとう!!
おめでとう〜!!

うん…やった!!
ありがとう!!

さっちゃん
おにいちゃんに
なるでえ〜

やったー

やったー！
おにいちゃんや

やったー!!
やったー!!

不安もあったけれど
夫と息子を見て
うれしくて涙がでた。

毎日すこしずついろんな事が
起きていて、同じ日なんて
ないなぁと思った。

ありがとうー

イライラして毎日同じことの繰り返しに感じていました。「またきっと明日も同じや……。」と
涙して寝る日々でした。そんな時、妊娠に気づきました。毎日少しずつお腹の中で
赤ちゃんが育っていたのかと思うと、同じ毎日なんてないなぁと実感しました。

かおりんごむし（私）がどんな親に育ててもらったのか、
ちょっと紹介させてください。
自分が親になってはじめて、おかあさんの大変さや大きさがわかった気がします。

笑ってくれると
「よっしゃ!!」と
うれしくなった。おもしろい事を毎日探した。

あははは

悲しいことが
あったときも
聞いてほしかった。

おかあさーん
きいてぇ〜

うわぁぁん

聞いてもらうと
すごく安心した。

大丈夫やぁ。ふふ

母のようには、できないけど
まだまだ
「1日1日大切に
　　過ごしたい」
をテーマに毎日
　　過ごしています。

なんでもない毎日が
　　たからものです。

今日も　いっぱい

ありがとう

また　あした

おわりに

「とってもいい子ですねー」
「とってもいいご家族！」
など、嬉しいことに、インスタフォロワーの皆様から、漫画の感想をいただくことがあります。…… いえいえ、もちろんいいとこどりで描いてますよ（笑）。

　ただ、漫画を描き始めたときに、「**すごーく大変な1日でも、1個くらい"良かったなぁ！""面白かったなぁ！"ってことあるやろ。それを描こう！**」と決めました。

　元気のないときも、描いている絵はにこにこしていて、自分もつられてにこにこしてしまうようなエピソードを描きたいと思いました。

　それで、**毎日よかったことや面白かったことを見つけに行く**ようになりました。すると、**毎日がちょっと変わっていきました。**

　私の目標「**1日1日大切に過ごしたい**」も、このときに立てたものです。目標はありますが、あまりギラギラとはしていません。日々ゆっくりと過ごしています。そういえば、「大切」と「ゆっくり」って、**ちょっと似てるような気がしませんか？**

　ここまで、「ふりかえり絵日記」を読んでいただき、ありがとうございます。く
すっと笑って楽しんでいただけたら、とても嬉しいです。

　これからも「WEBげんき」での連載をよろしくお願いします。

かおりんごむし

Profile

かおりんごむし

京都在住のイラストレーター

小学生の息子と娘、夫と4人暮らし。

日々のほっこり、小さなしあわせをかいています。

「1日1日大切に過ごしたい」がテーマ。

「かおりんごむしのほっこりブログ」
https://kaoringomushi.blog.jp/

「かおりんごむしInstagram」
https://www.instagram.com/kaoringomushi/?hl=ja

Information

講談社「WEBげんき」
https://cocreco.kodansha.co.jp/genki

「講談社げんき公式Instagram」
https://www.instagram.com/genki_magazine/?hl=ja

かおりんごむしの
ほっこりふりかえり絵日記
2023年5月29日　第1刷発行

かおりんごむし　作
講談社　編

デザイン ● primary inc.,

発行者 ● 鈴木章一

発行所 ● 株式会社　講談社
　　　　〒112-8001
　　　　東京都文京区音羽2-12-21
電話 ● 出版　03-5395-3494
　　　　販売　03-5395-3625
　　　　業務　03-5395-3603

印刷 ● 図書印刷株式会社

製本 ● 大口製本印刷株式会社

※本書は「WEBげんき」の連載を加筆修正し、
　単行本としてまとめたものです。

143p　17cm N.D.C.0077
©kaoringomushi／講談社
©KODANSHA 2023
Printed in Japan
ISBN978-4-06-531147-9